D0876151

MAXIM CYR & KARINE GOTTOT

LES DRAGOUILLES

SPÉCIAL NOËL

ÉDITIONS MICHEL QUINTIN

Mot des auteurs

Nul besoin d'écrire une lettre au père Noël ou d'être sage comme une image durant toute l'année pour avoir le plaisir de tenir entre vos mains une édition spéciale de Noël des dragouilles. Votre vœu a été exaucé !

Hum... la vérité, c'est que Karine n'en pouvait plus d'entendre Max parler de Noël en plein mois de juillet. Voyez-vous, ce cher illustrateur est né un 24 décembre. Cela fait de lui un lutin du père Noël à la puissance mille. Dresser sa liste de cadeaux un an à l'avance ou regarder un film de Noël en plein été sont des attitudes tout à fait normales pour cet accro de Noël.

Que pensez-vous que ce cher gnome fait lorsque nous sommes en tournée dragouilles à travers le Canada ? À chaque nouvelle destination, il achète une petite décoration de Noël. Une botte de cowboy miniature de Calgary ou un homard acadien ne sont là que quelques exemples des babioles qui ornent maintenant son sapin.

Alors, pour vous tous évidemment chers lecteurs, pour la tranquillité de Karine et surtout pour Max, voici notre livre « Les dragouilles – Spécial Noël ».

Joyeux NoNoël !

- Max et Karine -

LA GEEK

LE CUISTOT

LA REBELLE

JOYEUX NOËL!

Te voici en compagnie de dragouilles qui croient que le fait d'avoir des cornes, des ailes et une queue blanches leur permet de passer inaperçues entre deux flocons de neige.

Ce n'est évidemment pas parce que ces dragouilles viennent du pôle Nord que cela les empêche de perdre le nord à l'occasion. Mais pour une fois, c'est plutôt une bonne chose, car elles te livreront avec beaucoup de folie leurs connaissances tous azimuts à propos de la fête de Noël.

Tu ne nous vois pas, hein?

LES JUMEAUX

Je me demande pourquoi le père Noël ne veut pas qu'on l'aide plus souvent.

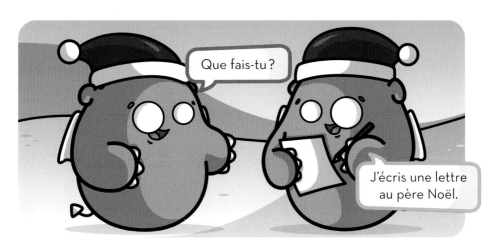

Snif ! Snif ! Le père Noël a mangé les biscuits, mais il ne m'a pas laissé de cadeaux.

Ch'est shûrement parche que tu n'as pas été shage.

À tes souhaits

NE T'EN FAIS PAS, CETTE CHRONIQUE NE TRAITE PAS DE CES AFFREUX MICROBES QUE L'ON PARTAGE PARFOIS SANS LE VOULOIR EN ÉTERNUANT. IL S'AGIT PLUTÔT DE GENTILS SOUHAITS QUE L'ON PREND PLAISIR À S'ÉCHANGER DANS LE TEMPS DES FÊTES.

C'est à Sir Henry Cole, un fonctionnaire britannique du XIXe siècle, que l'on doit la première carte de Noël. La légende raconte que Sir Henry avait pris du retard dans l'envoi de ses lettres de vœux destinées à ses nombreux amis. Il aurait alors décidé d'emprunter une coutume à la Saint-Valentin, c'est-à-dire d'envoyer de jolies cartes. C'est ainsi qu'en 1843, il aurait demandé à l'artiste peintre John Callcott Horsley de la Royal Academy d'en concevoir une pour lui qui illustrait la célébration de la fête de Noël en famille.

Les Britanniques sont toujours très fidèles à cette coutume. Ils envoient leurs cartes de préférence avant le 25 décembre afin qu'elles puissent aussi servir à décorer les maisons pour les Fêtes. En 2011, selon l'association des fabricants de cartes de vœux de la Grande-Bretagne, ils auraient expédié, en moyenne, 31 cartes par personne, ce qui fait d'eux les champions mondiaux en matière d'envoi de cartes de souhaits.

C'est si agréable de trouver une belle carte de Noël dans sa boîte aux lettres. Perpétue la tradition et fabrique de belles cartes. Surprends ta famille et tes amis en leur souhaitant « **Joyeux Noël** » dans une autre langue.

EN ANGLAIS
MERRY CHRISTMAS

EN ESPAGNOL
FELIZ NAVIDAD

EN ITALIEN
BUON NATALE

EN SUÉDOIS
GOD JUL

EN ALLEMAND
FRÖHLICHE WEIHNACHTEN

EN NÉERLANDAIS
VROLIJK KERSTFEEST

EN DANOIS
GLÆDELIG JUL

EN CATALAN
BON NADAL

EN PORTUGAIS
BOAS FESTAS

NOËL
AUTOUR DU MONDE

La fête de Noël fait partie des traditions de nombreux pays du monde, mais elle n'est pas célébrée partout de la même façon. Voici des petites particularités amusantes qu'ont dénichées les jumeaux.

SUÈDE

Dans ce pays, le 24 décembre, le père Noël n'entre pas par la cheminée. Il frappe tout simplement à la porte d'entrée. Il a bien raison. Pourquoi se compliquer la vie !

ESPAGNE

Si tu te trouves en Espagne à Noël, plus précisément en Catalogne, prends le temps de bien observer les crèches. Tu apercevras le *caganer* caché dans un coin ou derrière un objet. Ce petit personnage vêtu d'un costume traditionnel de paysan catalan est représenté en train de fertiliser la terre en faisant caca. Pour les Catalans, cette figurine est un symbole de chance et de prospérité pour la nouvelle année. Entre nous, c'est surtout une bonne façon de provoquer quelques fous rires.

MEXIQUE

Le jour de Noël, les enfants mexicains ont comme coutume de se bander les yeux pour ensuite tenter de percer des *piñatas* en les frappant à coups de bâton. Une fois brisées, les *piñatas* libèrent leur contenu. Les enfants se jettent alors au sol pour y ramasser des fruits et de délicieuses friandises. Pour recevoir leurs cadeaux, les petits Mexicains devront attendre le *Día de Reyes* (le jour des Rois) le 6 janvier.

MADAGASCAR

À Madagascar, la tradition veut qu'on porte de beaux habits neufs pour la messe du 24 décembre et les festivités qui suivent. Pas question de porter les vêtements de l'année précédente. Les Malgaches apportent de jolis tissus à un tailleur qui leur confectionne de belles tenues.

AUSTRALIE

En Australie, Noël a lieu en pleine saison estivale. Le 25 décembre, les Australiens sont nombreux à se rassembler sur la plage autour d'un bon barbecue. Il paraît qu'on peut parfois apercevoir le père Noël debout sur une planche de surf.

JAPON

Au Japon, Noël est une tradition moderne qui gagne en popularité. Les Japonais ne célèbrent pas la naissance du Christ, mais les enfants sont de plus en plus nombreux à attendre le père Noël avec impatience. Pour les jeunes adultes, Noël est en fait comme une deuxième Saint-Valentin. Le 24 décembre est l'occasion idéale pour déclarer son amour à l'être aimé. Le romantisme est alors de mise. Les amoureux s'offrent du chocolat, des bijoux ou autres petits présents et sortent manger au restaurant.

ISLANDE

Les jeunes Islandais ont l'immense chance de recevoir la visite non pas d'un, mais de 13 pères Noël! En fait, il s'agit de 13 lutins espiègles, les *Jólasveinar*, qui descendent tour à tour des montagnes environnantes. Une fois en ville, ils en profitent pour jouer des mauvais tours aux habitants. Chaque nuit, ces lutins déposent un petit cadeau dans les chaussures des enfants. Gare à ceux qui n'ont pas été sages. Ceux-ci recevront plutôt une vieille pomme de terre!

Quel sens de l'humour dragouillant!

* Maxim Cyr est né un 24 décembre.

MON BEAU SAPIN

EN HIVER, LE SAPIN RESTE VERT. IL NE PERD PAS SES AIGUILLES. ON PEUT VRAIMENT DIRE QU'IL EST LE ROI DES FORÊTS. MAIS COMMENT EST-IL DEVENU LE ROI DES SALONS À NOËL ?

Entre l'an 2000 et 1200 avant J.-C., les Celtes fêtaient la renaissance du soleil. Ils célébraient le solstice d'hiver, c'est-à-dire le jour le plus court de l'année. En fait, ils savaient qu'à partir de cette date, les jours commençaient enfin à allonger. Tous les 24 décembre, les Celtes décoraient un conifère nommé épicéa. Pour eux, cet arbre symbolisait la vie. Ils y suspendaient des fleurs, du blé et des fruits en guise d'offrandes pour remercier les dieux.

Par la suite, l'avènement de la religion chrétienne a remplacé toutes ces fêtes païennes, mais certains rituels, comme celui du sapin décoré, ont été conservés.

Une légende raconte que saint Boniface, un moine allemand qui voulait convaincre les druides que le chêne n'était pas un arbre sacré, en aurait fait abattre un sous leurs yeux. Dans sa chute, l'arbre aurait tout écrasé sur son passage, sauf un jeune sapin. C'est ainsi que le sapin serait devenu l'arbre sacré de l'Enfant Jésus et de Noël.

SE FAIRE
PASSER UN SAPIN
OU UNE ÉPINETTE

BIEN QU'AU QUÉBEC L'ARBRE DE NOËL LE PLUS VENDU SOIT LE SAPIN BAUMIER, L'ÉPINETTE SE FAIT SOUVENT PASSER POUR UN SAPIN.

Ces deux essences font de beaux arbres de Noël, mais il faut reconnaître que le sapin est plus odorant et qu'il dure plus longtemps.

VOICI COMMENT VÉRIFIER SI L'ARBRE QUI TRÔNE DANS TON SALON EST UN SAPIN OU UNE ÉPINETTE.

LE SAPIN

Le sapin est de forme conique. Ses aiguilles sont plates et disposées de chaque côté de la branche.

L'ÉPINETTE

L'épinette est de forme cylindrique. Ses aiguilles sont rondes et piquantes. Elles sont disposées en spirale tout autour de la branche.

VOICI UN TRUC POUR DIFFÉRENCIER RAPIDEMENT LE SAPIN DE L'ÉPINETTE.

Fais rouler les aiguilles entre ton pouce et ton index. Si elles roulent, il s'agit d'une épinette et si elles ne roulent pas il s'agit d'un sapin.

PETIT GUIDE D'ENTRETIEN DE TON SAPIN

1 Demande à tes parents de couper un rondin d'environ 1 à 2 cm au bout du pied du sapin et ensuite de faire une petite incision à la base de l'arbre, au milieu du tronc.

2 Installe ton arbre de Noël dans un endroit pas trop ensoleillé et éloigné d'une source de chaleur comme un foyer ou un radiateur. Ceci évitera que ton sapin ne sèche trop rapidement tout en limitant les risques d'incendie.

3 Pour le premier arrosage, remplis le support de ton sapin avec de l'eau chaude du robinet pour aider la sève à circuler pendant que ton arbre dégèle.

4 Ensuite, remplis-le d'eau froide deux fois par jour. Assure-toi que le récipient contient toujours un ou deux litres d'eau pour que la base du tronc ne s'assèche pas.

Après les Fêtes, ne jette surtout pas ton sapin à la poubelle. Celui-ci est recyclable à 100 %. Plusieurs municipalités en font la collecte.

L'artiste

OUPS!

Ouf ! C'est plus difficile
que je le pensais,
le patinage artistique.

NOËL EN POTS

PENSES-TU QU'IL EST POS-
SIBLE DE CAPTURER NOËL
POUR EN FAIRE DES PETITS
POTS ? LIS D'ABORD CE QUI
SUIT AVANT DE RÉPONDRE,
CAR L'ARTISTE POURRAIT
ENCORE UNE FOIS TE SUR-
PRENDRE.

Qu'il est agréable de passer de bons moments en famille ou avec des amis autour d'une table soigneusement décorée ! Voici comment fabriquer un beau centre de table qui ne manquera pas d'éblouir tes invités.

IL TE FAUT :

✳ 2 ou 3 pots en verre de différentes grosseurs

✳ De la colle forte

✳ Quelques boules de styromousse

✳ Quelques cure-pipes

✳ Des petites décorations, au choix : pommes de pin, branches de sapin, plumes, boules de Noël, figurines, friandises à la guimauve, etc.

✳ Du ruban d'emballage cadeau

✳ Neige décorative (facultatif)

VERSION 1

Remplis tout simplement les pots de décorations ou de petits objets qui font penser à Noël.

Laisse-les ouverts et noue un beau ruban autour des goulots.

VERSION 2

1 Place les couvercles des pots devant toi. C'est à l'intérieur de ceux-ci que tu réaliseras tes montages.

2 Colle les objets de ton choix dans les couvercles avec de la colle forte. Choisis des décorations de différentes hauteurs. Parsème le tout de neige décorative ou ajoute des friandises à la guimauve un peu partout.

Idées :

Coupe une boule de styromousse en deux et colles-en une moitié dans le fond d'un couvercle. Tu peux maintenant y piquer des branches de sapins ou y faire tenir des décorations à l'aide de cure-pipes.

Tu peux fabriquer un bonhomme de neige avec des boules de styromousse et ensuite le coller dans le couvercle. Tes objets ne doivent pas dépasser le périmètre du couvercle.

3 Une fois que tes montages sont secs (il faut environ 20 minutes), visse les pots de verre sur les couvercles. Attention, les pots doivent rester à l'envers.

4 Noue de jolis rubans autour des goulots des pots et le tour est joué.

VOILÀ, TU AS CAPTURÉ NOËL !

UN PEU DE FOLIE SOUS LE SAPIN

CETTE ANNÉE, TU AS DÉCIDÉ D'OFFRIR AUX TIENS DES CADEAUX FAITS DE TES PROPRES MAINS?

Pourquoi ne pas tenter de décrocher le sourire de tes proches avant même qu'ils n'aient commencé à ouvrir leurs présents?

VOICI DES IDÉES D'EMBALLAGE TOUT À FAIT EMBALLANTES.

LE CADEAU REPORTAGE

Emballe ton cadeau avec les pages d'un journal ou d'un magazine. Choisis des articles, des titres, des caricatures et des images qui te font penser à la personne à qui tu offres le cadeau. Pour égayer ton paquet, fais tenir le papier avec du ruban adhésif de couleur ou avec des motifs.

LE CADEAU PORTRAIT

Enveloppe ton cadeau avec du papier brun sur lequel tu colleras une photo de toi. Rends ton paquet encore plus rigolo en choisissant une photo où tu fais une grimace ou une photo de toi bébé.

Tu peux te rendre dans un photomaton pour prendre une série de photos de toi complètement délirantes.

LE CADEAU MÉTALLIQUE

Que dirais-tu d'envelopper un de tes cadeaux avec un sac de croustilles? Pas banal, hein?

Commence par laver le sac avec de l'eau et du savon. Ensuite, retourne-le à l'envers de façon à ce que l'intérieur devienne l'extérieur et sèche-le bien. Wow! Voici un beau petit sac métallique autour duquel il ne restera qu'à nouer un joli ruban.

LE CADEAU ÉCLATANT

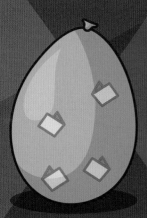

Écris sur des petits bouts de papier des services que tu souhaites rendre à la personne à qui tu offriras ce cadeau. Fais-les ensuite passer par le goulot d'un ballon de caoutchouc. Gonfle le ballon et noue-le.

Devine maintenant ce que la personne devra faire pour avoir accès à ton cadeau.

POW!

ASTUCE

Tu as sué des genoux en emballant tes cadeaux? Tu y a mis tout ton cœur et toute ton énergie? Voici comment éviter que ton petit frère ne les déballe à toute vitesse, sans même avoir eu le temps de crier «patate».

Enfile-lui des mitaines!

Patate au four!

à quelques fenêtres de Noël

ES-TU DE CEUX ET CELLES QUI FONT GRIMPER LA FRÉNÉSIE DE NOËL UNE PETITE CASE À LA FOIS ?

Si oui, tu connais sûrement le calendrier de l'avent. Tu sais, ces planches cartonnées dans lesquelles ont été prédécoupées 24 petites fenêtres que l'on ouvre progressivement jusqu'à Noël. Chaque jour, on y découvre une surprise sucrée pour que l'attente jusqu'au 25 décembre paraisse moins longue.

Le calendrier de l'avent est originaire d'Allemagne. Cette coutume aurait été lancée en 1903 par un éditeur de livres illustrés de médecine qui voulait perpétuer une tradition inventée par sa mère. Chaque jour de décembre, cette maman imaginative donnait à son garçon une meringue afin de l'aider à patienter jusqu'à Noël. Ah! les mamans... Elles ont toujours de bonnes idées.

Cette tradition allemande aurait traversé l'Atlantique lors de la Seconde Guerre mondiale. Témoins de cette coutume, des soldats américains auraient envoyé des calendriers de l'avent à leurs proches.

À l'origine, les enfants découvraient chaque jour, dans leur calendrier, une image pieuse souvent accompagnée d'une parole de la Bible. Par la suite, ces images ont été remplacées par des biscuits, des chocolats, des bonbons ou autres petites gâteries.

AVENT OU AVANT ?

L'avent signifie tout simplement la période avant Noël. Tu te demandes alors sans doute pourquoi on écrit «avent» ainsi ? C'est parce que ce mot vient du latin *adventus* qui signifie «venue ou avènement». Dans la religion catholique, l'avent est la période durant laquelle les croyants se préparent à l'arrivée du Christ.

3-2-1 JOYEUX NOËL!

AUJOURD'HUI, LES CALENDRIERS DE L'AVENT SONT CONNUS ET UTILISÉS DANS DE NOMBREUX PAYS. ILS SE PRÉSENTENT SOUS DIFFÉRENTES FORMES, TOUTES PLUS ORIGINALES LES UNES QUE LES AUTRES.

L'artiste t'invite à te rendre dans la section « Bric-à-Brac » du site Web de la série pour télécharger et imprimer sa version du calendrier de l'avent.

IL TE FAUT :

❄ Le calendrier de l'avent des dragouilles
❄ Une paire de ciseaux
❄ De la colle en bâton
❄ Un sac de boules de ouate

1 Découpe la dragouille en suivant le pointillé.

2 Chaque jour de décembre, fais un rond de colle sur le chiffre représentant la date du jour et colles-y une boule de ouate. Tu vas voir la barbe du père Noël prendre forme graduellement jusqu'au 25 décembre.

Voilà! Le père Noël peut enfin rire dans sa barbe.

Ouate à tatow!

IMPRIME CETTE IMAGE SUR LE SITE WEB DES DRAGOUILLES :
LESDRAGOUILLES.COM

Attache ta tuque!

Tu connais la branchée. Ce n'est pas le froid qui va l'empêcher de créer de nouvelles tendances. Voici comment se couvrir la tête et surtout ne pas passer inaperçu dans la cour d'école ou sur les pentes de ski.

LA TUQUE 2 DANS 1
Tuque tellement longue qu'elle peut servir de foulard.

LA TUQUE NID
Tuque qui forme un creux sur le dessus de la tête pour le plus grand plaisir des oiseaux.

LA TUQUE PANNE D'ÉLECTRICITÉ
Tuque qui descend sur les yeux.

Euh, qui a éteint la lumière?

LA TUQUE
AUTOCHAUFFANTE

Tuque génératrice de chaleur, idéale pour éviter de se geler la cervelle.

Qu'est-ce qui mijote ?

LA TUQUE POMPON

Tuque dont le pompon n'est jamais trop gros.

LA TUQUE NEIGE

Tuque faite de neige fraîchement tombée.

Ça rafraîchit les idées !

Dans de nombreux pays, la coutume veut que durant la période des Fêtes, les gens s'échangent un doux baiser sous une gerbe de gui suspendue. Autrefois, on disait que ce joli rituel portait chance aux amoureux et qu'il pouvait même, dans certains cas, être interprété comme une promesse de mariage. Aujourd'hui, lorsque les gens s'embrassent sous le gui, c'est plutôt par amitié et pour le plaisir de donner ou de recevoir un bisou.

Tu ne peux jamais faire comme tout le monde, hein ?

Teste ta Personnalité

À QUELLE INTENSITÉ LA FÊTE DE NOËL TE FAIT-ELLE VIBRER ?

1 Tu chantes des chansons de Noël tout au long de l'année. Tu commences à penser à ta liste de cadeaux au mois de juillet. Chaque année, tes proches attendent aussi la période des Fêtes avec impatience, mais pour une raison différente : **ARRÊTER ENFIN DE T'ENDENDRE EN PARLER !**

2 Dès la première neige, tu te mets à frissonner. Ce n'est pas le froid qui te fait frémir, mais bien la magie de Noël qui commence à t'envahir. Tu te mets alors en mode « préparatifs ». Pas question de t'y prendre à la dernière minute.

3 Tu fais partie des « P.A.D. », qui signifie « Pas Avant Décembre ». Tu ne veux pas voir une décoration ou entendre parler des Fêtes avant le 1er décembre. Compris ?

TU AS RÉPONDU :

1 Tu es un fanatique de Noël. Tu as de la graine de lutin du père Noël en toi. Y as-tu pensé comme choix de carrière ?

2 Tu aimes la magie de Noël et tu contribues volontiers à la propager autour de toi. En revanche, une fois les Fêtes terminées, tu reprends le train-train quotidien sans chagrin.

3 Tu aimes bien Noël, mais lorsque tu entends une chanson de Noël deux mois d'avance tu ressens très fort l'envie de crier : **« NON MAIS RESTONS CALMES ! »**

SE FAIRE DORER LES AIGUILLES AU SOLEIL

LE MEXIQUE EST UN PAYS CHAUD, MAIS NE VA PAS CROIRE POUR AUTANT QU'ON Y REMPLACE LE SAPIN DE NOËL PAR UN CACTUS OU UN PALMIER. TU AURAIS TORT. C'EST VRAI, LA NEIGE N'EST PAS AU RENDEZ-VOUS, MAIS IL N'EN RESTE PAS MOINS QUE LE SAPIN DEMEURE L'ARBRE VEDETTE DU TEMPS DES FÊTES.

À l'approche des Fêtes, les Mexicains peuvent acheter des sapins de Noël qui proviennent du Canada, des États-Unis, de la Chine aussi bien que de leur propre pays. Le petit lutin en toi se demande si ces conifères parviennent vraiment à pousser sur ces terres ? Eh bien, oui. À preuve : sur les 2 millions de sapins vendus au Mexique chaque année pour Noël, environ la moitié est cultivée sur place.

LES MEXICAINS AIMENT LES SAPINS

Les Mexicains les aiment réellement, car certaines entreprises ont fait de leur plantation un véritable projet écologique. Ainsi, la pépinière Bosque de los Árboles de Navidad a mis au point une technique qui fait en sorte que lorsqu'on coupe le sapin, la racine reste vivante. Ce même arbre peut alors repousser jusqu'à cinq fois !

SAPINS À LOUER

Quant à l'entreprise Siempre Verde, elle propose aux gens de louer un sapin vivant. Une fois les Fêtes terminées, Siempre Verde viendra reprendre l'arbre pour le replanter dans son milieu naturel.

T'as un beau teint, mon sapin.

NOËL À L'ENVERS

SI TU VEUX SURPRENDRE TES INVITÉS À NOËL, INSTALLE TON SAPIN LA TÊTE EN BAS. QUELLE IDÉE RENVERSANTE, N'EST-CE PAS ?
Cela peut te paraître complètement invraisemblable, mais cette technique est pourtant très à la mode depuis quelques années.

Voici l'envers du décor.

SI TOI ET TA FAMILLE AVEZ ENVIE DE TENTER L'EXPÉRIENCE :
Tout d'abord, inutile de préciser qu'il te faut un sapin artificiel. L'arrosage d'un sapin naturel installé à l'envers serait, comment dire, périlleux !

Tente de trouver un support déjà existant au plafond comme un ventilateur ou un lustre, sur lequel tu pourras attacher solidement ton sapin avec de la corde. Sinon, tu peux l'accrocher à un mur, comme un tableau. Le coin d'une pièce peut aussi être un endroit idéal.

Fixe un anneau de métal au tronc du sapin et un crochet au mur. Cela te permettra d'accrocher ton arbre sans trop de difficulté.

C'est fait ? Oh ! Mais que constates-tu ? Dans cette position, il y a beaucoup plus d'espace autour de l'arbre pour y déposer des cadeaux !

HO! HO! HO!
HO!
HO!
HO!
O!

GENTILS
IMPOSTEURS

LE PÈRE NOËL A PLUSIEURS DONS,
COMME CELUI D'ÉMERVEILLER ET
DE FAIRE RÊVER LES ENFANTS.

Malheureusement, il ne possède pas celui de l'ubiquité, c'est-à-dire d'être partout en même temps. C'est pour cette raison que chaque année, le vrai père Noël fait appel à une horde de représentants qui prennent plaisir à revêtir le costume rouge et blanc.

NOËL OLYMPIQUE

Ne va surtout pas croire que la vie de remplaçant du père Noël est de tout repos. Tirer et porter une immense poche de cadeaux, s'introduire dans les cheminées et prendre des centaines d'enfants sur ses genoux ne sont là que quelques exemples des tâches à accomplir. Pour bien se préparer, les pères Noël du monde entier ont droit à leurs propres jeux olympiques. Tous les ans, la ville de Gällivare en Suède, située à 100 km du cercle polaire, est l'hôte de ces jeux hors du commun. Au programme : lancer du cadeau, rodéo mécanique sur renne, karaoké de chansons de Noël, course de traîneaux tirés par des rennes et autres épreuves pas HO! HO! HO!... rdinaires du tout.

MARÉE ROUGE ET BLANCHE

C'est dans la ville de Derry, en Irlande du Nord, qu'a été établi le record Guinness du plus grand rassemblement de pères Noël au monde, en 2007. Imagine, 13 000 personnes vêtues de rouge et blanc réunies au même endroit afin d'accomplir cet exploit! Gages-tu que le vrai père Noël y était? Bonne chance pour le trouver!

SKI FAIT PLAISIR

Qu'est-ce qui est rouge et blanc, qui monte et qui descend? Un père Noël qui fait du ski.
Que font près d'une centaine de pères Noël sur une pente de ski? Ils profitent de «la journée des pères Noël», un événement qui a lieu chaque année à la station de ski Whistler Blackcomb, au Canada. Eh oui, une journée de ski gratuite pour les premiers à se présenter aux guichets d'accueil déguisés en père Noël.

LE PÈRE DES PÈRES NOËL

Au Canada, en 1959, un dénommé Henri Paquet a créé l'Association des Pères Noël de la province de Québec. C'était pour lui une façon de démontrer l'affection et le respect qu'il porte envers ce sympathique homme vêtu de rouge et blanc. Son association offre même des cours pour qui veut devenir un bon représentant du père Noël. C'est du sérieux : à la fin de la formation, il y a même un examen!

Maison Mystère

TU DÉSIRES ALLER COGNER À LA PORTE DU PÈRE NOËL POUR BOIRE UN PETIT CHOCOLAT CHAUD EN SA COMPAGNIE ? ASSURE-TOI DE PRENDRE LA BONNE DIRECTION. MAIS QUELLE DIRECTION, JUSTEMENT ?

En fait, il n'est pas évident de savoir quel chemin prendre pour se rendre à la maison du père Noël, car il n'y a pas de consensus sur la question. Pour être plus précis, c'est que chaque pays a sa propre opinion à propos du présumé lieu de résidence du père Noël.

Par exemple, si tu vis sur le continent américain, il est admis que la direction à prendre est le pôle Nord. En revanche, si tu viens du Danemark, la rumeur veut que le père Noël crèche au Groenland. Attends ! Ce n'est pas terminé. En Suède, on affirme que c'est à Gesunda, au nord-ouest de Stockholm, que vit ce joyeux personnage. Les Norvégiens, eux, pensent plutôt qu'il a élu domicile à Drøbak, à 50 km de la ville d'Oslo. Pour leur part, les Finlandais ont déclaré en 1927 qu'il était inconcevable que le père Noël habite au pôle Nord. Selon eux, il était impossible que les rennes puissent se nourrir dans cette région. Ils ont alors décrété que la Laponie était un endroit bien plus plausible. Par la suite, ils ont encore une fois réévalué leur point de vue et ont jugé la Laponie trop éloignée. Finalement, ce serait près de la ville de Rovaniemi que, selon les Finlandais, le père Noël résiderait.

Tu as la tête qui tourne ? Normal. Vaut peut-être mieux alors que tu attendes patiemment la venue du père Noël, bien au chaud, dans ton petit nid douillet.

PÔLE NORD

GROENLAND

GESUNDA

DRØBAK

LAPONIE

ROVANIEMI

C'est à en perdre le nord !

VACANCES MÉRITÉES

Les habitants des îles du Pacifique s'amusent à dire
que la résidence secondaire du père Noël se trouve
sur l'île Christmas, dont le nom veut dire « Noël » en anglais. C'est
dans ce lieu paradisiaque qu'une fois son travail terminé, il se
prélasserait au soleil pour des vacances bien méritées.

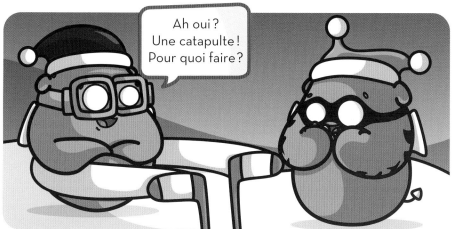

ET LA LUMIÈRE FUT

C'est à partir du milieu du XVIIᵉ siècle que les gens ont commencé à utiliser de petites bougies pour illuminer leur arbre de Noël. Ils les fixaient avec de la cire ou des épingles. Par la suite, de petites lanternes et des bougeoirs spéciaux ont fait leur apparition et ont grandement facilité leur installation.

En 1882, à New York, Edward Johnson a réussi à illuminer le premier sapin de Noël à l'électricité. Cet homme était un associé de Thomas Edison, l'inventeur de l'ampoule électrique. Pour l'occasion, Jonhson avait conçu une guirlande de 80 ampoules.

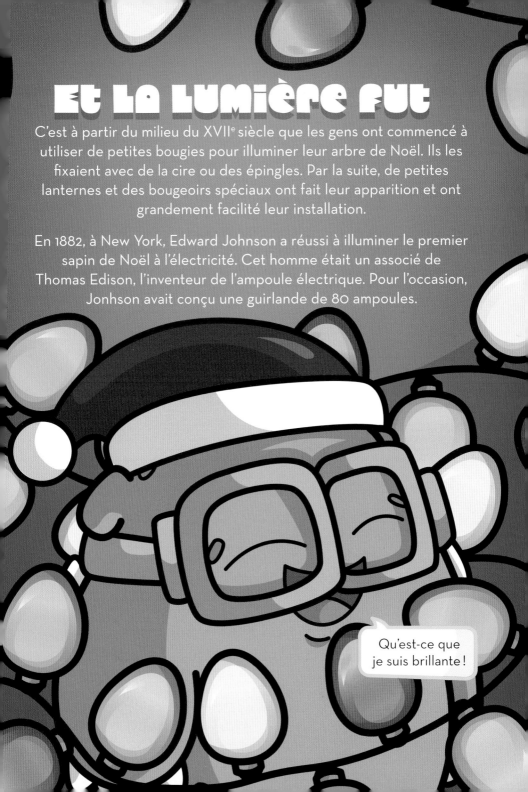

Qu'est-ce que je suis brillante !

DES IDÉES LUMINEUSES

Depuis l'exploit de Johnson d'illuminer un sapin à électricité, d'autres ont eu des idées tout aussi lumineuses, mais surtout très surprenantes.

UNE ANGUILLE POUR FAIRE SCINTILLER LES AIGUILLES

Au Japon, un chercheur a fait appel aux services d'une gentille anguille électrique pour illuminer le sapin de l'aquarium d'Enoshima. L'anguille générait 800 watts d'électricité à chacun de ses mouvements. Deux plaques d'aluminium agissaient comme des électrodes et récupéraient l'électricité produite par les mouve-ments de l'anguille. Ceci a permis aux guirlandes de clignoter de façon continue.

Une chose est certaine, le courant passe !

DES CHOUX ÉLECTRIQUES

Tu n'es pas très friand des choux de Bruxelles? Voici une ingénieuse idée qui te les fera peut-être aimer davantage. Des scientifiques anglais et des élèves du primaire sont parvenus à illuminer un sapin de Noël avec 1 000 choux. Ceux-là mêmes qui te font faire la grimace quand ils sont dans ton assiette.

Voici comment cela est possible. D'abord, une centaine d'ampoules à basse consommation d'énergie ont été installées dans le sapin. En se décomposant, les choux engendrent une réaction chimique qui produit un courant électrique. Celui-ci est ensuite récupéré par des électrodes placées sur les choux.

Cette immense pile végétale munie de 5 compartiments contenant 200 choux chacun parvient à produire 63 volts. Une énergie suffisante pour alimenter les ampoules du sapin.

Chou... ette !

UN SAPIN ÉCOLO-CARDIO

Dans la ville de Puebla, au Mexique, les autorités ont décidé d'illuminer un immense sapin d'une façon très originale. Les passants sont invités à enfourcher l'un des 15 vélos qui sont disposés autour du sapin et à pédaler. Chaque roue arrière des bicyclettes est munie d'un générateur. L'énergie produite par les coups de pédales des cyclistes permet de recharger les deux batteries qui alimentent les 8 000 ampoules installées dans le sapin. Lorsque les 15 vélos s'activent en même temps, le sapin émet une jolie musique comme pour rappeler aux gens que c'est en regroupant nos efforts que nous parvenons vraiment à protéger l'environnement.

Bouger pour admirer, ça brille de bon sens !

Devinettes

1) QUEL EST LE GÂTEAU LE PLUS DUR AU MONDE ?

2) QU'EST-CE QUI EST GRAND AVANT D'ÊTRE PETIT ?

3) COMMENT FAIT-ON POUR FAIRE ENTRER DEUX PÈRES NOËL DANS UN RÉFRIGÉRATEUR ?

4) QUELLE EST LA VILLE PRÉFÉRÉE DU PÈRE NOËL ?

5) QUEL EST LE COMBLE DU MALHEUR POUR L'ÉTOILE POLAIRE ?

6) QUEL EST LE COMBLE DU PLAISIR POUR UN FLOCON DE NEIGE ?

7) QUEL EST LE COMBLE DU MALHEUR POUR LE PÈRE NOËL ?

8) QU'EST-CE QUE DEUX BONSHOMMES DE NEIGE SE DISENT LORSQU'ILS SE RENCONTRENT ?

1) LA BÛCHE DE NOËL 2) UNE BOUGIE 3) IMPOSSIBLE, IL N'EXISTE QU'UN SEUL PÈRE NOËL, VOYONS ! 4) RENNES, EN FRANCE 5) PERDRE LE NORD 6) ÊTRE COMPLÈTEMENT GIVRÉ 7) DEVOIR SE SERRER LA CEINTURE 8) TU NE TROUVES PAS QUE ÇA SENT LA CAROTTE ?

LES défis de la geek

C'EST NOËL! ALORS, LA GEEK T'OFFRE NON PAS UN, MAIS TROIS DÉFIS. TU VERRAS, IL S'AGIT D'EXPÉRIENCES FRIGORIFIANTES... BRRRR !

NUAGE BLANC

Il fait un froid à se geler les poils du nez ? Le mercure indique -25°C ? Parfait ! Profite de l'occasion pour faire une surprenante découverte.

Attention, à réaliser sous la supervision d'un adulte. Remplis une tasse d'eau bouillante, sors dehors et lance l'eau à côté de toi. Tu verras, l'eau se transformera instantanément en une sorte de nuage de neige blanc. Incroyable, mais vrai. Il s'agit de l'effet Mpemba qui stipule que, dans certaines conditions, l'eau chaude peut geler plus rapidement que l'eau froide.

GLACE INSTANTANÉE

Prends une petite bouteille d'eau qui n'a jamais été ouverte et brise le sceau d'étanchéité. Ceci te permettra d'ouvrir plus facilement la bouteille le moment venu. Place la bouteille d'eau au congélateur pendant environ deux heures et demie. L'eau ne doit pas geler. Sors-la ensuite en la manipulant très délicatement. Quand tu es prêt, frappe la bouteille sur le comptoir de la cuisine. La glace va commencer à se former graduellement, mais rapidement elle remplira tout le volume d'eau disponible.

Ceci s'explique par le fait que l'eau est en état de surfusion. Elle atteint une température plus basse que celle où normalement elle gèle, mais reste à l'état liquide. Ce phénomène peut se produire lorsque l'eau est très pure. Il ne reste qu'à donner un petit choc ou à rajouter une impureté pour qu'elle gèle instantanément.

Ça rafraîchit les idées !

BULLES GELÉES

Pourquoi souffler de belles bulles de savon ne serait qu'un plaisir d'été? Choisis une journée où le mercure est inférieur à -15 °C. Concocte une solution qui te permettra de faire des bulles plus résistantes et qui gèleront.

- 125 ml de savon à vaisselle liquide
- 125 ml de sirop de maïs
- 750 ml d'eau chaude

Mélange la solution et laisse-la refroidir.

Maintenant, habille-toi chaudement et sors *bubuller*.

Prends une baguette à bulles et trempe-la dans la solution. Pour former des bulles, bouge la baguette lentement. De cette façon, la couche centrale d'eau gèlera avant que la bulle éclate.

Si tu souffles sur la baguette, l'air chaud qui provient de tes poumons entrera dans la bulle et celle-ci prendra plus de temps à geler. Essaie de la rattraper avec ta baguette et regarde-la se cristalliser lentement.

C'est magnifique!

soirées truquées

Lors des rencontres familiales, il y a toujours un oncle qui parle plus fort que les autres et qui a plusieurs tours dans son sac pour épater la galerie. Cette année, vole-lui la vedette et deviens le centre de l'attention. Voici quelques petits jeux rigolos pour animer les soirées.

AU VOLEUR !

Colle un bout de fil à pêche sur un billet de banque. Tiens subtilement l'autre extrémité dans ta main. Dépose rapidement le billet derrière un invité. Tape-lui sur l'épaule en lui disant qu'un billet de banque vient de tomber de sa poche. Au moment où sa main va le toucher pour le ramasser, tire sur le fil. Vraiment très drôle !

POIDS LOURD

Invite un convive à déposer sa main sur la table. Demande-lui maintenant de soulever et rabaisser, un après l'autre, chacun de ses doigts. Facile ! Dis-lui de plier son majeur sous sa main et de tenter ensuite de soulever son annulaire. Ha ! ha ! Impossible !

PINOCCHIO

Demande à une personne de s'asseoir sur une chaise et bande-lui les yeux. Installe-toi derrière elle, sur une autre chaise, et bande tes yeux. Pose ta main gauche sur son nez et ta main droite sur le tien. Caresse les deux nez en même temps. Après quelques minutes tu auras l'impression que son nez est le prolongement du tien.

ÉQUILIBRE

Prends deux canettes de boissons gazeuses vides. Verse 100 ml d'eau dans l'une d'elles. Dispose la canette vide devant un des invités et demande-lui d'essayer de la faire tenir en équilibre sur un côté. Évidemment, il ne réussira pas. Prends la canette qui contient de l'eau et exécute-toi. La canette tiendra toute seule en équilibre. Avec un peu de pratique, tu arriveras même à la faire se balancer.

INCREVABLE

Gonfle un ballon et colle à différents endroits des morceaux de ruban adhésif transparent. Présente-toi devant ton auditoire et enfonce des aiguilles aux emplacements où il y a des rubans adhésifs. Ceci empêchera le ballon d'éclater. Retire délicatement les aiguilles sous les yeux ébahis de la foule en délire.

Le cuistot

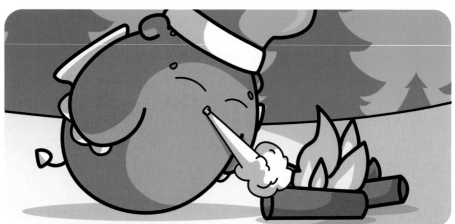

choco-dragouille

PRÉPARE DES DRAGOUILLES DÉCORATIVES EN CHOCOLAT QUE TU POURRAS DÉPOSER SUR DES PETITS GÂTEAUX, DE LA CRÈME GLACÉE OU TOUT AUTRE DESSERT DE TON CHOIX.

IL TE FAUT :

❄ La feuille choco-dragouilles que tu trouveras dans la section « Bric-à-Brac » du site Web des dragouilles

❄ 190 ml (3/4 tasse) de pépites de chocolat

❄ Du papier parchemin

❄ Un petit sac de congélation (de type Ziploc)

❄ Une paire de ciseaux

❄ Une plaque à biscuits

1 Fais fondre ton chocolat au micro-ondes durant 30 secondes. Mélange-le avec une cuillère et remets-le au four 30 autres secondes. Répète ces étapes jusqu'à ce que le chocolat soit fondu, mais non brûlant.

2 Verse le chocolat fondu dans le sac et coupe en biais un des coins. C'est par là que tu pourras faire sortir le chocolat.

3 Mets la feuille dragouilles sur une plaque à biscuits et dépose un papier parchemin dessus. Ferme le sac et trace les dessins des dragouilles en pressant pour faire sortir le chocolat par le petit trou du sac. Place ensuite le tout au congélateur environ 30 minutes.

4 Sors tes choco-dragouilles du congélateur et place-les rapidement sur tes desserts préférés. Évite de trop les manipuler, car elles vont fondre rapidement.

Gorgées sucrées

DANS CERTAINS PAYS, COMME AU CANADA, EN ANGLETERRE ET EN AUSTRALIE, ON DÉGUSTE LE LAIT DE POULE DURANT LE TEMPS DES FÊTES. SI TU DÉSIRES GOÛTER À CETTE BOISSON SUCRÉE, N'ESSAIE SURTOUT PAS D'ALLER TRAIRE UNE POULE DANS UN POULAILLER, CAR TU RISQUES D'ÊTRE DÉÇU.

L'origine du lait de poule est incertaine. L'ancêtre de cette boisson viendrait peut-être d'Angleterre. Au Moyen Âge, le posset était préparé avec du lait chaud, de l'alcool et de la bière. Ce mélange avait, paraît-il, des propriétés reconstituantes et était servi aux personnes affaiblies ou malades. Par la suite, la recette s'est quelque peu transformée et elle est devenue populaire en Europe et en Amérique.

Pourquoi avons-nous qualifié cette délicieuse boisson de « lait de poule » ou *eggnog* en anglais? Drôle de nom, n'est-ce pas? Certains affirment que cette appellation vient du mot *nogging*, une petite tasse de bois qui était utilisée dans les pubs en Angleterre. D'autres prétendent que ce nom vient de la combinaison des mots *egg* et *grog*. Le grog est un petit remontant préparé avec de l'eau chaude, du rhum et du citron pour soigner la grippe. Finalement, cela s'expliquerait peut-être simplement par le fait que cette boisson contient du lait et des œufs.

Peu importe! Voici une recette de lait de poule à la dragouille qui ne manquera pas de faire meugler ou caqueter tes papilles de plaisir.

LAIT DE POULE (POUR 4 CONVIVES)

- 1 litre (4 tasses) de lait
- 60 ml (4 c. à soupe) de sucre
- 4 jaunes d'œufs
- 5 ml (1 c. à thé) d'extrait de vanille
- 1 pincée de muscade ou de cannelle

1 Verse le lait dans une casserole et ajoutes-y l'extrait de vanille.

2 Place les jaunes d'œufs dans un bol et bats-les avec un fouet. Ajoute le sucre et continue à fouetter jusqu'à ce que le mélange blanchisse un peu.

3 Fais chauffer le lait à feu moyen et, lorsqu'il commence à devenir chaud, verses-y les jaunes d'œufs sucrés.

4 Mélange le lait de poule avec un fouet pendant environ 3 minutes sans le faire bouillir.

Sers-le tout de suite ou fais-le refroidir une heure au réfrigérateur. Avant de le présenter à tes invités, dépose une petite pincée de cannelle ou de muscade dans chaque verre.

Allez, donne-moi du lait de poule !

Non mais, est-ce que j'ai l'air d'une vache ou quoi ?

NOËL EN BOUCHE

LE CUISTOT TE PROPOSE UN MENU COMPOSÉ DE METS TRADITIONNELS OU DE PETITS PLAISIRS QUE L'ON AIME S'OFFRIR À NOËL. ALORS ? QUE VAS-TU CHOISIR ?

ENTRÉES

COQUILLE SAINT-JACQUES (FRANCE)
Mollusques apprêtés de différentes façons

MATTAK (GROENLAND)
Morceaux de peau de baleine avec sa couche de graisse

PLATS PRINCIPAUX

PAVO CON MOLE (MEXIQUE)
Dinde au chocolat

HALLACAS (VENEZUELA)
Mélange de viande, d'olives, de poivrons et de raisins secs enveloppé d'une feuille de bananier plantain

DESSERTS

PLUM-PUDDING (ANGLETERRE)
Pudding préparé des semaines à l'avance avec de la graisse de bœuf et des fruits confits

PANETTONE (ITALIE)
Gâteau aux agrumes et aux raisins secs

PLAISIR GLACÉ

SURPRENDS TES INVITÉS EN LEUR SERVANT DES FRUITS FRAIS OU DES BOULES DE CRÈME GLACÉE DANS UN BOL EN GLACE.

IL TE FAUT :

❄ 2 bols (un grand et un plus petit)

❄ Des rondelles d'orange

❄ Des branches de cèdre

❄ Des pétales de poinsettia rouges

❄ Un bâton ou une fourchette

❄ De l'eau

❄ Du ruban adhésif

Pour un Noël servi sur glace !

COMMENT FAIRE :

 1 Verse environ 3 cm d'eau dans le grand bol et dépose-le au congélateur pendant 3 heures.

 2 Place le petit bol à l'intérieur du grand, par-dessus le fond de glace. Maintiens-le en place au centre à l'aide de ruban adhésif.

 3 Comble l'espace qu'il y a entre les deux bols en y versant de l'eau.

 4 Ajoute les décorations dans ce même espace et répartis-les tout autour à l'aide d'un petit bâton ou d'une fourchette.

 5 Mets le tout au congélateur pendant une nuit complète.

 6 Retourne le grand bol pour démouler ta création glacée. Si tu as de la difficulté à faire sortir le bol de glace, fais couler un peu d'eau tiède dessus.

ÉVITE DE METTRE TA LANGUE SUR LE BOL GLACÉ,
**CAR TU RISQUES DE PASSER LA SOIRÉE
EN TÊTE À TÊTE AVEC LUI !**

Ahhhhh !

Mission accomplie !

NOËL, UNE FÊTE QUI A DU PANACHE

DEPUIS QUE TU ES TOUT PETIT, ON TE RACONTE QUE LE PÈRE NOËL PARCOURT LE MONDE POUR LIVRER SES CADEAUX DANS UN TRAÎNEAU TIRÉ PAR DES RENNES. MAIS QUE SAIT-ON VRAIMENT À PROPOS DE CET ANIMAL MYTHIQUE ? LA REBELLE A DÉCIDÉ DE FAIRE LA LUMIÈRE SUR LA RÉELLE IDENTITÉ DE CE CERVIDÉ.

Tout d'abord, réglons la question une fois pour toutes. Est-ce que ce sont des rennes ou des caribous qui tirent le traîneau du père Noël ? En fait, les deux réponses sont bonnes puisqu'il s'agit d'une seule et même espèce dont le nom scientifique est *Rangifer tarandus*. Ces animaux sont tout simplement appelés « caribous » en Amérique du Nord et « rennes » en Europe et en Asie.

Regarde une image du traîneau du père Noël tiré par des rennes. Tu ne trouves pas qu'il y a quelque chose qui cloche ? Les rennes volent. Oui, c'est vrai, mais bon, la rebelle ne peut pas résoudre tous les mystères. Essaie autre chose. Tu ne sais pas ? Eh bien, lis ce qui suit.

Tu seras surpris d'apprendre que, contrairement aux autres cervidés, les rennes femelles ont aussi des bois. Ceux des mâles sont plus gros et tombent à la mi-novembre pour ne repousser qu'en mars. Les femelles ont de plus petits bois, mais elles les gardent tout l'hiver. Noël est en décembre. À cette période de l'année, les rennes mâles n'ont plus de panache. Il est donc erroné d'illustrer une harde de rennes portant de gros bois sur les cartes de Noël ! À moins, bien sûr, qu'il ne s'agisse que de femelles.

C'est le rodéo-renne !

LA PIPI DISTANCE

Les rennes ne peuvent pas marcher ou courir et uriner en même temps. En Finlande, il existe une unité traditionnelle de mesure appelée *poronkusema* (« urine de renne ») qui désigne justement la distance qu'un renne peut parcourir entre deux pipis. Celle-ci serait en moyenne de 7,5 km, mais elle peut varier selon la condition physique du renne, l'état du terrain sur lequel il avance ainsi que la météo.

LE RECORD GUINNESS DE LA PLUS GROSSE BATAILLE DE BOULES DE NEIGE DU MONDE EST DÉTENU PAR LA VILLE DE SEATTLE.

Le 12 janvier 2012, 5 834 personnes ont pris plaisir à se lancer des boules de neige en plein centre-ville. Seattle est pourtant une ville côtière des États-Unis où il ne neige presque jamais. Pour réaliser ce délirant record, il a donc fallu déverser sur les lieux de la bataille pas moins de 73 tonnes de neige.

Hi ! hi ! hi !

UNE ARAIGNÉE AU PLAFOND ? NON, DANS LE SAPIN !

POUR CERTAINS, JUSTE LE FAIT DE LIRE LE MOT « ARAIGNÉE » SUFFIT À PROVOQUER UNE CRISE DE PANIQUE ET LA FERMETURE D'UN LIVRE D'UN COUP SEC. ES-TU TOUJOURS LÀ ?

Voici le moment de décorer ton sapin de Noël. Va chercher la boîte de guirlandes et de boules et assure-toi qu'elle contient aussi de fausses toiles d'araignées. Ne reviens pas avec les décorations d'Halloween ! Il n'y a pas de confusion. C'est bien de Noël dont il est ici question.

En Ukraine, il est coutume d'ajouter de fausses toiles d'araignée aux autres décorations du sapin. Une légende raconte qu'il y a longtemps, une famille trop pauvre pour décorer son sapin avait découvert des toiles d'araignées dans l'arbre, le matin de Noël. La douce lueur du matin les faisait briller de beaux reflets dorés et argentés. Les araignées avaient ainsi réussi à mettre un peu de magie entre les branches.

Aujourd'hui, les Ukrainiens fabriquent ou achètent des décorations qui rappellent cette jolie histoire. Le fait de trouver une toile d'araignée dans son sapin, le matin du 25 décembre, est même considéré comme un signe de chance.

SAPIN GROUILLANT

VOICI LA LISTE DE DÉCORATIONS QUI SERONT DANS TON SAPIN CETTE ANNÉE : GUIRLANDES, BOULES, ÉTOILE, LUMIÈRES, MITES, ARAIGNÉES, ACARIENS ET PAPILLONS DE NUIT.

As-tu ressenti un petit frisson en lisant cette curieuse énumération? Est-ce que ton arbre de Noël est un sapin naturel? Si la réponse est oui, ces répugnantes petites créatures feront bel et bien partie des décorations, et ce, sans même qu'elles aient reçu d'invitation.

Le sapin est le refuge de milliers d'insectes qui s'y cachent pour passer l'hiver. Selon une étude norvégienne, chaque arbre peut en héberger jusqu'à 25 000 !

À l'extérieur, la plupart de ces insectes hibernent dans l'arbre. Ils vident leur corps de leurs fluides et demeurent inactifs pendant tout l'hiver. Mais lorsque ces petites bêtes se retrouvent par hasard sur un sapin de Noël, au beau milieu d'un salon, la situation change. Les insectes se réveillent, car la chaleur et les lumières leur donnent l'impression que le printemps est arrivé.

Ne t'inquiète pas. La majorité de ces bestioles sont invisibles à l'œil nu. En revanche, si tu as envie de les rencontrer, tu peux secouer ton sapin au-dessus d'un drap ou d'une nappe blanche.

Tu te rendras vite compte que vous serez plus nombreux que prévu à réveillonner près du foyer.

NOËL EN JUILLET

FAIS COMME DES MILLIERS DE QUÉBÉCOIS
ET DONNE RENDEZ-VOUS AU GROS BARBU EN JUILLET.

Cette folle tradition de fêter Noël en plein mois de juillet serait née en 1962, au Canada, plus précisément à Saint-Jean-Baptiste, au Québec. À l'origine, les propriétaires du camping Domaine Rouville organisaient des festivités pour célébrer le début des vacances estivales.

Quelques années plus tard, grâce aux vacanciers, le phénomène a pris de l'ampleur et a été qualifié de « Noël du campeur ». Aujourd'hui, la fête de Noël du Domaine de Rouville accueille près de 10 000 personnes.

La tradition du Noël du campeur s'est propagée dans de nombreux campings, partout au Québec. Les campeurs décorent leur emplacement de lumières scintillantes, de fleurs de plastique, de vire-vent et autres objets colorés. De son côté, le père Noël se prépare pour le grand défilé. Il enfile son bermuda et prend place sur un char allégorique. Le convoi est souvent composé de voiturettes de golf soigneusement décorées.

Les familles se rassemblent et recréent l'ambiance chaleureuse de Noël. Elles préparent même parfois, pour l'occasion, des mets traditionnels comme la dinde et la tourtière.

Ce qui est super, c'est qu'en juillet, on n'a pas besoin de s'habiller chaudement pour attendre le père Noël. Espérons seulement que l'événement ne piquera pas trop la curiosité des moustiques et qu'ils ne se présenteront pas à la fête en trop grand nombre.

Le dernier dans le lac est un père Noël mouillé !

SVNI

SI TU TE TROUVES EN SUÈDE UN 13 JANVIER, TU POURRAIS VOIR UN SVNI (SAPIN VOLANT NON IDENTIFIÉ) PASSER AU-DESSUS DE TA TÊTE.

En effet, il existe une tradition suédoise tout à fait délirante que les dragouilles auraient bien pu inventer. À l'occasion de la Saint-Knut, une fête célébrée le 20ᵉ jour après Noël, les familles suédoises se rassemblent, chantent, dansent, organisent des jeux et dégustent de délicieuses petites gâteries. Elles en profitent aussi pour dépouiller l'arbre de Noël de toutes ses décorations. Et que font-elles ensuite de leur arbre de Noël? Eh bien, les familles suédoises le jettent tout simplement par la fenêtre. Ouf! Il faut donc être prudent et tenter de ne pas passer sous une fenêtre au moment du parachutage. Pour sortir en ville lors de la Saint-Knut, il vaut peut-être mieux se munir d'un «parasapin»!

À VOL DE SAPIN

Certaines villes de Suisse se sont inspirées de la tradition suédoise et organisent maintenant, chaque année, des championnats de lancer du sapin de Noël. Le but est évidemment de faire planer le conifère le plus loin possible. Même les enfants peuvent tenter leur chance!

NON MERCI !

C'EST INCONTOURNABLE. DANS LES FÊTES DE FAMILLE, IL Y A TOUJOURS UNE TANTE TROP PARFUMÉE OU UN ONCLE MAL RASÉ À QUI ON AIMERAIT BIEN ÉVITER D'AVOIR À FAIRE LA BISE.

La rebelle a quelques suggestions de son cru pour t'aider à te sortir, avec classe, de ce genre de situation. Il n'est pas ici question de mentir impunément, mais plutôt d'orienter certains bisous vers d'autres joues.

1. Garde toujours un gros chou d'emballage à proximité. En cas d'urgence, tu pourras toujours te le coller sur la tête et te glisser sous le sapin. Tu passeras ainsi complètement inaperçu parmi les cadeaux.

2. Sous la menace d'un bisou non désiré, évite de dire que tu as un devoir de français à terminer. Ça risque de paraître trop louche. Dis plutôt que tu dois vite aller arroser la dinde qui cuit dans le four. La personne à qui la bouche qui veut t'embrasser appartient sera sous le charme. Quel enfant serviable ! Il est à parier que tes parents aussi seront surpris. C'est ce qu'on appelle « un coup double » dans le jargon de l'esquive de bisous professionnelle.

3. Promène-toi dans le salon et parle de ta nouvelle crème antiacné à base de crottes de bouc. La rumeur se propagera à une vitesse folle et personne ne t'approchera de trop près. Ton périmètre de sécurité sera ainsi assuré.

AHH HMMM!

Bonjour père Noël, j'aimerais recevoir des farces et attrapes en cadeau : du poil à gratter pour des blagues au cuistot et un sac à pets pour suprendre la branchée.

Merci père Noël !

Je t'ai bien eue ! Ho ! ho ! ho !

au revoir

Ne soyez pas déprimés à l'idée que les Fêtes soient terminées. Rappelez-vous que, pour les dragouilles du monde entier, tous les prétextes sont bons pour festoyer, et ce, tout au long de l'année.

En attendant, n'oubliez pas de lever les yeux vers le ciel de temps en temps. On ne sait jamais qui pourrait être en train de vous observer.

Ça arrive plus d'une fois par année.

GLOSSAIRE

Catapulte : machine qui sert à lancer des projectiles.

Crécher : habiter, en langage familier.

Crédible : qu'on peut croire.

Déduction : raisonnement par lequel on parvient à tirer des conclusions.

Pieux, pieuse : qui démontre du respect et de la dévotion envers Dieu et la religion.

Tuberculent : mot inventé par les auteurs pour faire référence aux tubercules de pommes de terre.

LES DRAGOUILLES

LES CRITIQUES SONT UNANIMES...

« UN LIVRE QUI A PLUS
DE PANACHE QUE MOI. »
- RUDOLPHE, UN RENNE DU PÈRE NOËL

« JE VAIS METTRE CE LIVRE SUR MA
LISTE DE CADEAUX. »
- LE PÈRE NOËL

« UN LIVRE EMBALLANT ! »
- UN CADEAU

« QUAND J'AI TERMINÉ CE LIVRE,
J'AI FONDU EN LARMES. J'EN
VOULAIS ENCORE ! »
- UN BONHOMME DE NEIGE

D'AUTRES LIVRES À METTRE SOUS LE SAPIN !

VIENS NOUS VOIR EN LIGNE !

LESDRAGOUILLES.COM

LES ORIGINES

MONTRÉAL

PARIS

TOKYO

DAKAR

SYDNEY

NEW YORK

BARCELONE

NEW DELHI

TUNIS

AUCKLAND

RIO DE JANEIRO

REYKJAVIK

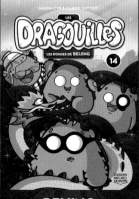

BEIJING

JOHANNESBURG

Catalogage avant publication de Bibliothèque et Archives nationales du Québec et Bibliothèque et Archives Canada

Cyr, Maxim

    Les dragouilles. Spécial Noël

    Pour enfants de 7 ans et plus.

    ISBN 978-2-89435-729-3

    I. Gottot, Karine. II. Titre.

PS8605.Y72D722 2014   jC843'.6   C2014-941029-8
PS9605.Y72D722 2014

 Le Conseil des Arts du Canada
The Canada Council for the Arts

 Québec

 Patrimoine canadien   Canadian Heritage

La publication de cet ouvrage a été réalisée grâce au soutien financier du Conseil des Arts du Canada et de la SODEC. De plus, les Éditions Michel Quintin reconnaissent l'aide financière du gouvernement du Canada par l'entremise du Fonds du livre du Canada pour leurs activités d'édition.

Gouvernement du Québec – Programme de crédit d'impôt pour l'édition de livres – Gestion SODEC

ISBN 978-2-89435-729-3

Dépôt légal – Bibliothèque et Archives nationales du Québec, 2014
Dépôt légal – Bibliothèque et Archives Canada, 2014

© Copyright 2014

Éditions Michel Quintin
4770, rue Foster, Waterloo (Québec)
Canada J0E 2N0
Tél.: 450 539-3774
Téléc.: 450 539-4905
editionsmichelquintin.ca

15 - L E O - 2

Imprimé en Chine